FULL SCORE
WSB-12-010

吹奏楽譜 ブラスロック・シリーズ

BRASS ROCK

サマータイム Brass Rock

作曲：George Gershwin　編曲：福田洋介

楽器編成表

Piccolo	B♭ Trumpet 1	Drums
Flutes 1 & 2	B♭ Trumpet 2	*Timpani*
Oboe	B♭ Trumpet 3	Claves
Bassoon	F Horns 1 (& *3*)	Tambourine
E♭ Clarinet	F Horns 2 & 4	Bongo
B♭ Clarinet 1	Trombone 1	*Timbales & Cowbell*
B♭ Clarinet 2	Trombone 2	*Glockenspiel*
B♭ Clarinet 3	Trombone 3	Vibraphone
Bass Clarinet	Euphonium	
Alto Saxophone 1	Tuba	Full Score
Alto Saxophone 2	Electric Bass	
Tenor Saxophone		
Baritone Saxophone		

＊イタリック表記の楽譜はオプション

吹奏楽譜 ブラスロック・シリーズ

サマータイム Brass Rock

曲目解説

ジャズのスタンダード・ナンバー『サマータイム』。原曲のしっとりとした哀愁漂う旋律を、ホーンセクションを中心に渋くカッコよくまとめたアレンジ！ジャズの魅力を存分に取り入れた大人なブラスロックです。

演奏のポイント

ミュージカル音楽を多く手掛けたメロディーの天才・ガーシュウィンが手がけたオペラ「ポーギーとベス」の冒頭で歌われる"Summertime"は、生まれたばかりの赤ん坊に歌いかける「子守唄」。ブルースの色合いが強いこの印象的なメロディーは、その後ジャズでも積極的に取り上げられ、2万バージョンを超えるアレンジが存在するスタンダードナンバーとして価値が高まっていきました。

子守唄が源であるため、ほとんどのアレンジでバラードナンバーとして演奏されますが、中にはブルースロック版なども存在します。今回のアレンジでは、「サマータイム」というキーワードだけを見つめ、シンフォニックながら、かなりエキサイティングなラテンロックに仕立ててみました。

シンフォニックな響きの中から前奏が始まり、そして一気に盛り上げ、パンチの効いたベースラインにラテンパーカッションも活用したロックビートがスタートします。管楽器セクションはシャープなビッグバンド・サウンドを意識して、アーティキュレーションの変化も丁寧につけながら、ドライブ感に満ちた演奏を心がけてください。途中バンドとパーカッションの掛け合いがありますが、これも素敵なパフォーマンスを企画してください。パッション溢れるカッコいい演奏を期待します。

都立葛飾総合高等学校吹奏楽部委嘱作品（2012年）

(by 福田洋介)

編曲者プロフィール / 福田洋介（Yosuke Fukuda）

1975年東京杉並生まれ。11歳よりDTMシステムによる音楽作りを始める。現在まで作・編曲は独学。そして中学、高校と吹奏楽を続ける。高校在学中に商業演劇の音楽を担当。その後演劇・舞踊・映画・TV・イベント等の音楽製作、吹奏楽・管弦楽・室内楽の作・編曲および指導・指揮に力を注ぐ。吹奏楽やアンサンブルのCDや楽譜を株式会社ウィンズスコア、エイベックス・クラシックスなど各社より多数出版。佐渡裕＆シエナ・ウインド・オーケストラ、「題名のない音楽会21」などのアレンジャーとしても好評を博す。その他、学生団体・一般団体の常任・客演指揮も務めている。

ダイナミックかつシンフォニックな音楽から、一度聞いたら忘れられない透明でシンプルな音楽まで、あらゆる姿の音を紡ぎ出すその作風に、各方面からの評価と信頼が高い。

現在、東邦音楽大学特任准教授・ウインドオーケストラ指揮者。

<主な作品>『さくらのうた』（第22回朝日作曲賞）、『吹奏楽のための「風之舞」』（第14回朝日作曲賞）、『KA-GU-RA for Band』（JBA下谷賞・佳作）、『シンフォニック・ダンス』、『サクソフォン・シャンソネット』他

サマータイム Brass Rock

Comp. by George Gershwin
Arr. by Yosuke Fukuda

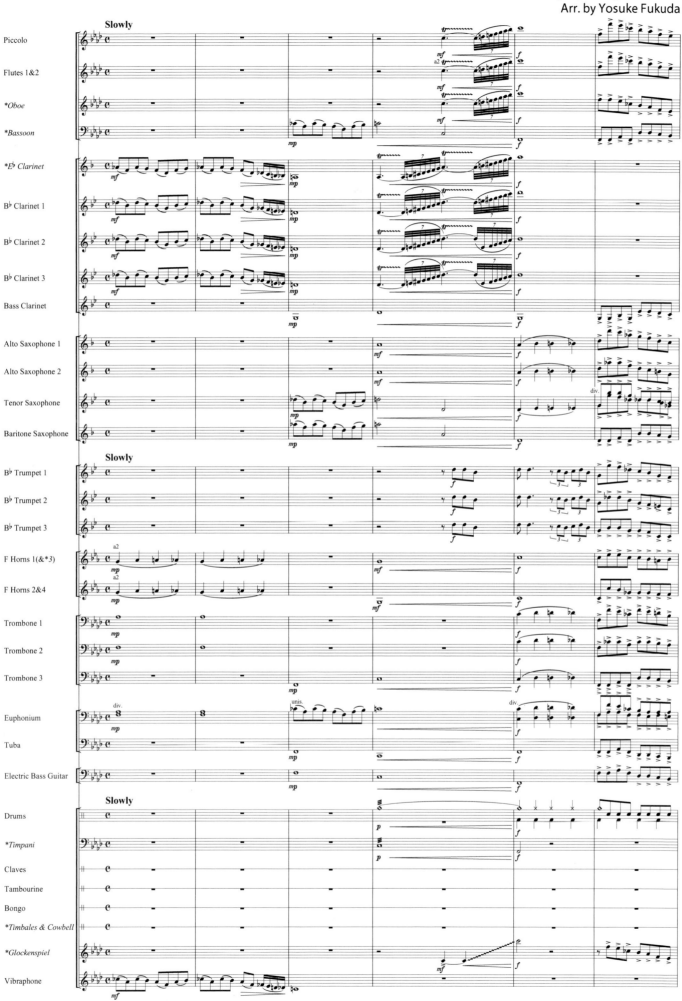

Summertime Brass Rock - 2

ご注文について

ウィンズスコアの商品は全国の楽器店、ならびに書店にてお求めになれますが、店頭でのご購入が困難な場合、当社PC&モバイルサイト・FAX・電話からのご注文で、直接ご購入が可能です。

◎当社PCサイトでのご注文方法

http://www.winds-score.com

上記のURLへアクセスし、WEBショップにてご注文ください。

◎FAXでのご注文方法

FAX.03-6809-0594

24時間、ご注文を承ります。当社サイトよりFAXご注文用紙をダウンロードし、印刷、ご記入の上ご送信ください。

◎お電話でのご注文方法

TEL.0120-713-771

営業時間内に電話いただければ、電話にてご注文を承ります。

◎モバイルサイトでのご注文方法

右のQRコードを読み取ってアクセスいただくか、URLを直接ご入力ください。

※この出版物の全部または一部を権利者に無断で複製(コピー)することは、著作権の侵害にあたり、著作権法により罰せられます。

※造本には十分注意しておりますが、万一、落丁・乱丁などの不良品がありましたらお取り替えいたします。また、ご意見・ご感想もホームページより受け付けておりますので、お気軽にお問い合わせください。

Flutes 1&2

サマータイム Brass Rock

Comp. by George Gershwin
Arr. by Yosuke Fukuda

B♭ Clarinet 2

サマータイム Brass Rock

B♭ Clarinet 3

サマータイム Brass Rock

Comp. by George Gershwin
Arr. by Yosuke Fukuda

Alto Saxophone 1

Tenor Saxophone

サマータイム Brass Rock

Comp. by George Gershwin
Arr. by Yosuke Fukuda

Tenor Saxophone Summertime Brass Rock - 3

F Horns 1&3

サマータイム Brass Rock

Comp. by George Gershwin
Arr. by Yosuke Fukuda

サマータイム Brass Rock

Euphonium

Comp. by George Gershwin
Arr. by Yosuke Fukuda

Drums

サマータイム Brass Rock

Comp. by George Gershwin
Arr. by Yosuke Fukuda

MEMO

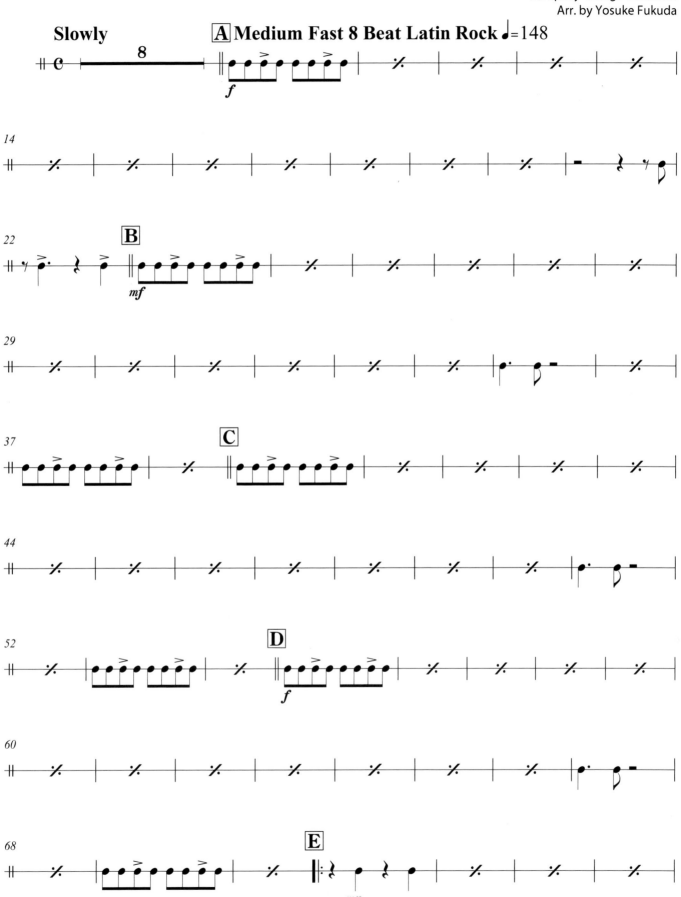

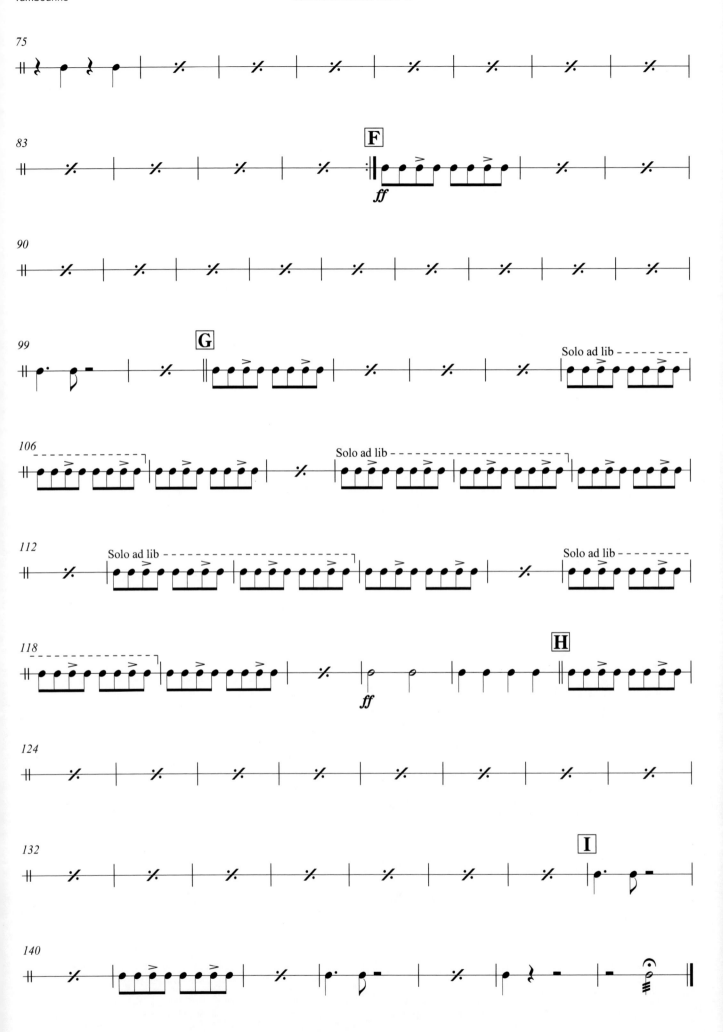

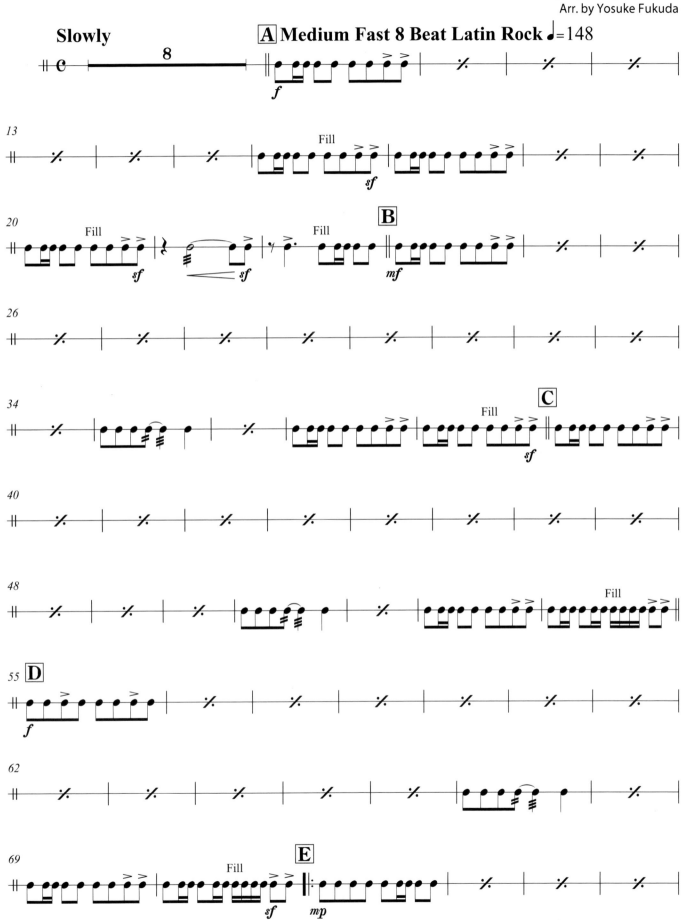

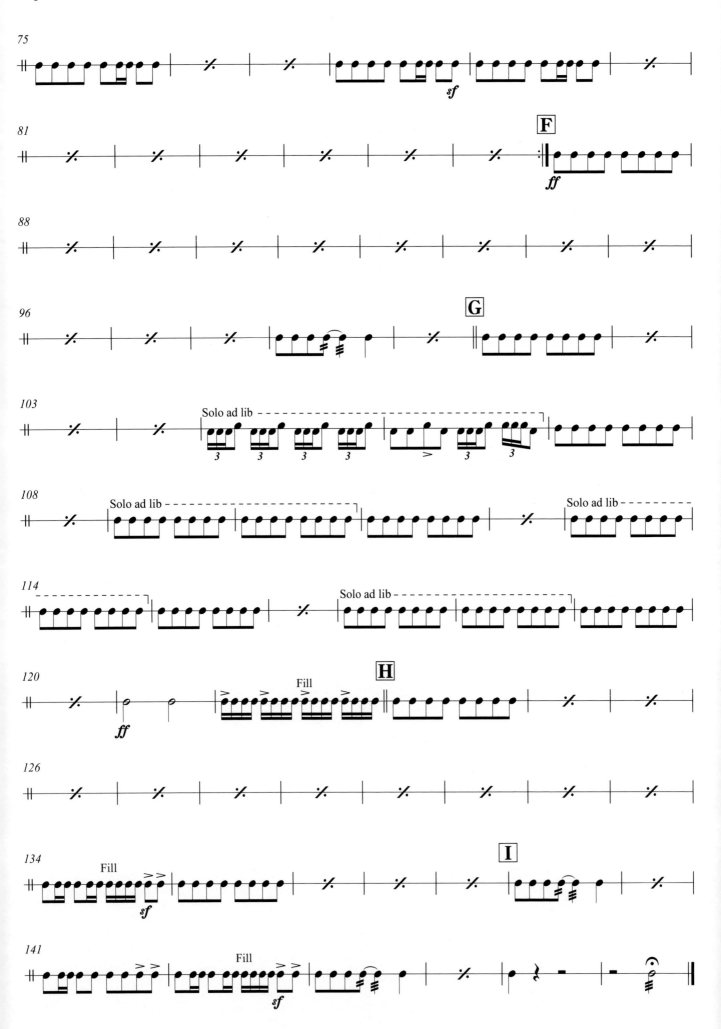

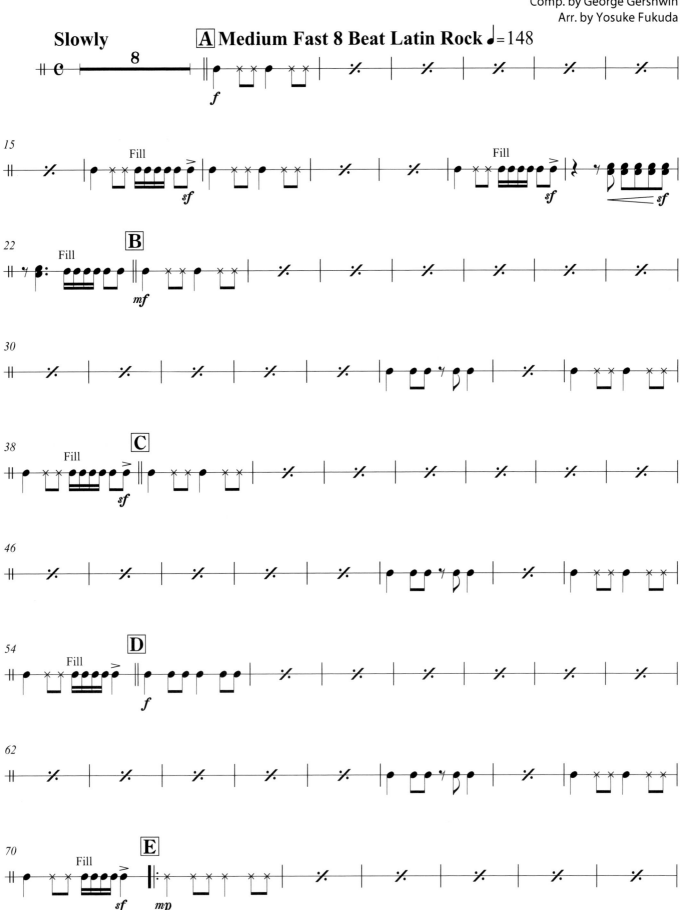

Glockenspiel

サマータイム Brass Rock

Comp. by George Gershwin
Arr. by Yosuke Fukuda